DIOLOT.

Nadar

ÉMILE DE GIRARDIN.

ÉMILE DE GIRARDIN

Émile, qui eût préféré d'être l'E-
mile de Jean-Jacques, est né sur le
canal de Briare , commencé par
Sully, ou d'un père nommé Girardon, fameux statuaire et architecte
du XVIIe siècle, à qui nous devons
le magnifique groupe représentant
l'enlèvement de Proserpine par Pluton, lequel embellit les bosquets
des bains d'Apollon, à Versailles.

On prétend qu'en haine de ce
que Girardon n'a jamais su lui

dire : « *O mon fils!* » Emile n'a pas voulu reconnaître son père pour son architecte, et s'est fait appeler Girardin afin de le laisser sans postérité.

Un jour que le statuaire Girardon posait un de ses groupes dans le parc de Versailles, il y vit une jeune fille, belle comme les anges, s'approcha d'elle et lui tint de doux propos d'amour.

Girardon a toujours préféré les chênes qui entourent la statue de Diane à celles du mariage, car il séduisit la jeune fille belle comme les anges du bon Dieu, ne lui demanda jamais sa main et ne la revit plus.

A quelque temps de là, cette

même jeune fille venait pleurer dans une de ces avenues ombreuses, sur le sort et le groupe de Proserpine , tout en maugréant sur l'indifférence de son Pluton, qui ne l'avait point enlevée.

Elle y fit la rencontre d'un beau page de la reine Marie-Thérèse d'Autriche, qui flânochait en rêvant sur les infidélités du roi Louis XIII. Et le beau page qui vit ses larmes voulut la consoler.

— Qu'avez-vous, ma belle inconnue, lui demanda-t-il, et pourquoi ces pleurs que je vous vois répandre?

— Ah! monsieur, lui dit-elle entre deux sanglots, j'ai fait une perte irréparable !...

— Oh! je vous plains! vous êtes orpheline, sans doute?...

— Non, monsieur, je suis mère!!...

— Grand Dieu!... que m'apprenez-vous? Et vous venez ici pleurer sur l'abandon de votre infâme séducteur?

— Hélas! oui, monsieur...

— Vous espérez le retrouver, peut-être?

— Qui sait!

— Où l'avez-vous perdu?

— Avenue de Trianon.

— C'est mythologique et cruel pour une jeune fille, exclama le beau page.

Cette histoire ne se rapporte nullement à la naissance de M. de

Girardin, mais elle prouve du moins que M. de Girardon, son père, était un ver galant de la plus fine fleur du xviie siècle.

Je laisse dans l'oubli ce qui doit y rester,

et j'arrive à la biographie d'Émile.

Il fut oublié en nourrice jusqu'à l'âge heureux de quatorze ans, bien que le sucre et le savon eussent été religieusement payés. Sa nature frêle et étiolée exigeait des soins de chaque jour. On le mit au vert chez un paysan de la Normandie. Il crût en force et en santé, mais son éducation resta malingre et souffreteuse jusqu'à l'âge de dix-huit ans. Il quitta la campagne et revint à Paris se jeter dans les bras de sa mère et sur un valet qui voulait l'en empêcher.

Émile avait su par des lectures intelligentes former son esprit et son cœur. Il composa son premier livre sous le titre : ÉMILE, dont le style paraissait aussi décousu qu'un gilet de la *Belle-Jardinière*. Ce livre aurait pu se résumer à ce vers :

Trifouillez dans ma vie et voyez qui je suis.

Personne ne trifouilla même ce livre, qui passa inaperçu.

Émile de Girardin n'avait

qu'une ambition : devenir membre de la société des gens de lettre, — ou ministre. La gloire était pour lui un gilet de flanelle qui chatouillait son amour-propre. — Jusqu'à présent il n'a pas encore été nommé ministre.

En 1824, il obtint une place dans les bureaux de la maison du roi, au cabinet de M. le vicomte de Senones, secrétaire des commandements de Louis XVIII. — Il venait de mettre le pied à l'échelle. Ici commence l'homme politique.

On ne fume pas ici, se disait-il, mais comme les bureaux ne me donnent que fort peu de besogne, je vais continuer d'écrire, en attendant qu'il plaise à MM. les libraires d'éditer mes œuvres.

Il fit donc un second livre. Il l'intitula DU HAZARD DE LA FOURCHETTE, fragments sans suite d'une histoire sans fin. Cet ouvrage n'est qu'une longue diatribe, où l'esprit est souvent absent par congé, et où l'on ne rencontre que des divagations incohérentes sur lui-même, sur son logement, sur les femmes, sur la lune en particulier et sur l'amour en général.

Émile excelle sur la conjonctive et sur le subjonctif présent avec une certaine afféterie ; jugez de ce fragment pris au HAZARD :

« Je cheminais, le nez au vent, cherchant

un gîte, attendu QU'IL n'y a pas de philoso-
phie QUI tienne contre une nuit de jan-
vier QU'ON passe à la belle étoile et de pa-
tience de propriétaire QUI dure contre
un locataire QUI ne paye pas son terme,
QUAND mes yeux, etc. »

Tout le livre est plein de ces
charmantes images avec des *qui* et
des *que* à la clef. Les élèves de la
pension Favart ont lu cet ouvrage
et l'ont trouvé ennuyeux. L'un
d'eux dans un moment d'humeur
et d'ennui a fait ce verbe d'un
nom propre en disant : « Finis, tu
me *Girardines.* » AU HAZARD est
donc une médiocre amplification
de collége, ennemie du style et de
la grammaire.

L'heure de sa majorité sonne.

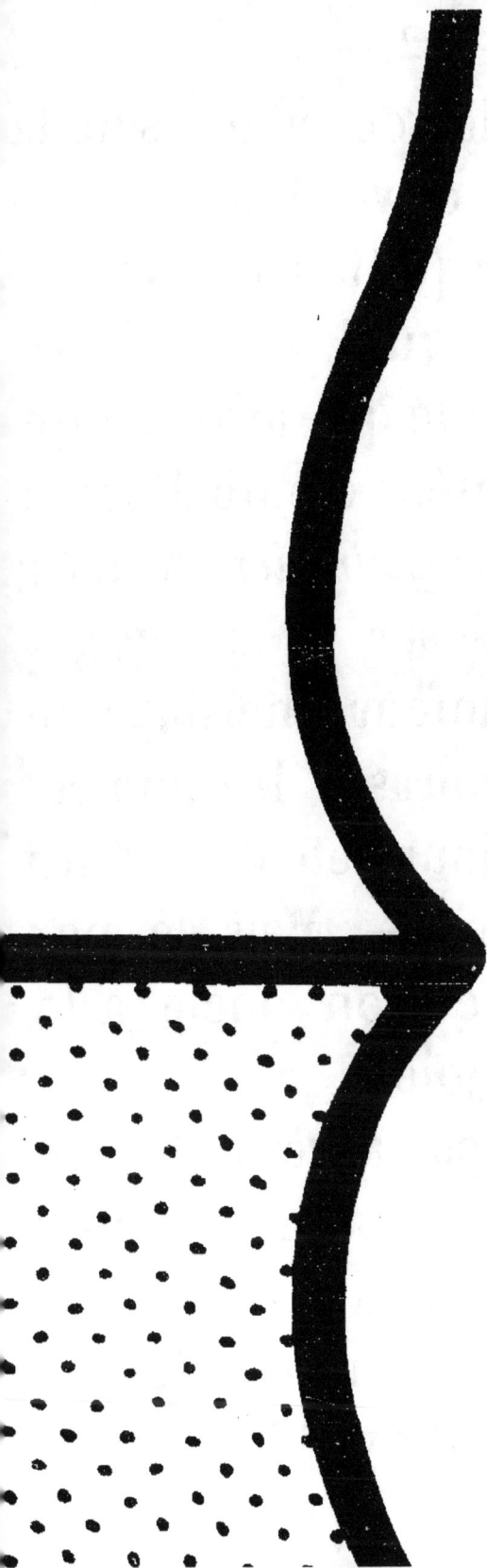

Il quitte l'emploi de commis de la maison du roi, et va chez son notaire lui donner quittance des piastres d'Espagne qu'il a en dépôt chez lui. — Émile qui avait eu un jour cette pensée d'emballeur : « *qu'il vaut mieux pour vivre compter sur ses doigts que sur un héritage,* » emporte avec amour l'héritage de son oncle et embrasse le notaire. — Émile a toujours été doué d'un certain courage. — Mais le neveu qui hérite de son oncle a le cœur navré de joie.

Peu de temps après, M. de Martignac lui signe sa nomination d'inspecteur des Beaux-Arts

M. Émile de Girardin fonde, avec Maurice Alhoy, le journal

le Voleur. Ce moyen de battre monnaie avec les romans, les feuilletons et les nouvelles des gens de lettres, lui réussit, car, au bout d'un mois, *le Voleur* avait dix mille abonnés.

Une opposition sourde se manifestait à la cour de Charles X; la duchesse de Berry encouragea cette opposition en donnant son appui à M. Émile de Girardin dans la création du journal *la Mode.*

M. Émile vend *le Voleur* et *la Mode,* et invente une littérature-rie à l'usage des campagnes sous le titre : *Journal des connaissances utiles,* à 4 fr. par an. Au bout de six mois, cent vingt mille abonnés ramenèrent le calme et la sécurité dans le cœur d'Émile. Aussi préféra-t-il rouler sur l'or que dans l'abîme.

M. de Girardin était au comble de la félicité.

Il n'avait plus que deux partis à prendre : être amoureux ou engraisser.

Il préféra devenir amoureux de la *dixième muse*, nom glorieux de mademoiselle Delphine Gay, femme adorable, dont le talent, s'il est possible, surpassait encore la beauté.

Le mariage se fit à l'église, et la noce chez Bonvalet.

M. Émile de Girardin, après le temps consacré à la lune de miel, se livra avec enthousiasme à la vie industrielle, à l'agriculture et à la politique concentrée. Il fonde successivement l'*Institut agricole de Coëtbo*, le *Musée des familles* et l'*Almanach de France*. Il se bat en duel avec M. Dogouve de Nuncques, et le blesse en refusant de se battre une seconde fois avec lui. Il fait paraître, le 1ᵉʳ juillet 1836, le numéro-spécimen de *la Presse*.

Il pique une tête dans le libéralisme après avoir lu quelque part :

L'homme absurde est celui qui ne change jamais.

Je déclare à la louange de M. Émile de Girardin qu'il a toujours conservé le même drapeau. C'est aux circonstances qu'il faut s'en prendre s'il l'a changé de place. — Pour moi, ce bon Émile est un littérateur à hélice, dont la plume, devenue savante par des effets contrariés, peut naviguer dans toutes les mers de la politique, voire même dans la mer Noire, cette immense écritoire de la nature, sans craindre, — n'importe les vents contraires, — que les rouages si divers de sa plume ne le fassent jamais chavirer.

M. Émile de Girardin est un *dérangeur* habile. Le voilà donc en annonçant à moitié prix un journal quotidien, d'une dimension supérieure à celle des autres journaux; et, roi de la publicité, dictant des ordres au pouvoir, il enlève aux feuilles rivales leurs abonnements et leurs annonces, et se prépare à assister à leur convoi mortuaire. — Mais toute la presse serre les rangs et fait feu contre l'ennemi commun. — M. de Girardin lance quelques insinuations offensantes contre la feuille radicale de l'honorable Armand Carrel, qui relève l'injure. Armand Carrel paye de sa vie la défense d'un principe en succombant dans le duel qui devient une *bonne fortune* pour M. de Girardin.

Cette *bonne fortune* pour M. de Girardin fut un deuil public. Tout Paris assiste aux funérailles d'Armand Carrel ! — L'isolement se fait autour du rédacteur en chef de *la Presse*, qui n'en continue pas moins à défendre la monarchie de juillet contre les agressions du radicalisme.

Il est royaliste de la seconde branche des Bourbons, — quand la première a disparu.

Laissons-le faire, il finira par manger du veau comme les autres; il se déroyalisera.

En attendant, il fait des premiers pâte-ferme quotidiens pour défendre le trône, la religion et la morale. Mais on sent qu'il est mal à l'aise ; son style est pédant, gonflé ; la plupart de ses phrases ont l'air de porter des tournures en crinoline, et sa politique a de la peine à s'asseoir. — Il est le Paganini du journalisme ; personne n'a su mieux que lui jouer sur la quatrième corde du paradoxe quand il a voulu faire prévaloir une idée.

Il lui en surgit une qui lui valut un tonnerre d'applaudissements, un cataclysme d'épithètes flatteusement féroces. Elle fut encadrée dans les colonnes du *Tintamarre* et livrée à la risée de ses contemporains. — M. de Girardin venait de créer les ABONNÉS ASPIRANTS!! Et voici l'abracadabrante réclame qu'il plaça en tête de *la Presse* le 29 juin 1845 :

La PRESSE, réduite prochainement à OPTER entre ces deux ALTERNATIVES : ou de s'imposer les frais d'une double composition (frais qui s'élèvent à 50,000 fr.), ou de LIMITER à 28,000 le NOMBRE de ses abonnés, S'EST ARRÊTÉE A CE DERNIER PARTI ; le chiffre atteint, elle n'admettra plus d'abonnés qu'en proportion des VACANCES. Désormais il y aura donc des ABONNÉS ASPIRANTS, comme il y a aujourd'hui pour une foule de fonctions encombrées des ASPIRANTS - SURNUMÉRAIRES ! ! !

Nous avons vu des femmes, des enfants, des vieillards et des militaires non gradés, venir se faire inscrire 28 mille unième après lecture de ce *puff* à la Paixhans.

L'essentiel pour Émile était de faire croire tout d'abord qu'il avait 28,000 abonnés, ou bien de faire qu'on se hâtât de lui en compléter 28,000 dans la crainte de n'être qu'ASPIRANT. La réclame ne disait pas si les *aspirants* de marine étaient compris dans cette rigoureuse exclusion.

Voilà donc Émile scindant la matière abonnable en deux catégories:

Les abonnés gogos ;

Les abonnés aspirants.

Les premiers qui respirent ;

Les seconds qui *aspirent* que les abonnements expirent. Abonnés niais ; abonnés qui veulent le devenir.

J'avoue que si j'avais l'honneur d'être fondeur en cuivre, mon bonheur serait de couler M. de Girardin — en bronze.

Je ne serai véritablement heureux que quand je l'aurai sur ma cheminée.

C'est à lui que nous devons l'annonce-omnibus tombée sous un grand éclat de rire du *Tinta-marre* qui lui lâcha ce quatrain :

En reprenant, quittant un métier pour un autre,
Il devint financier, journaliste, écrivain :
Un beau jour il se fit le messie et l'apôtre
De *l'annonce-omnibus* (système américain).
Annonces-omnibus, vous qui perdez un père,
Vautrez-vous dans la cendre, épanchez vos
(douleurs ;
Et toi, *réclame anglaise*, à tout Français si chère,
Lâche sur Girardin l'écluse de tes pleurs !!!

Nadar vous le représente avec sa mèche historique, je complète le signalement pour le reconnaître.

Signe particulier :

Il caresse son os coronal pour faire croire qu'il se recueille.

PAUL DE KOCK.

PAUL DE KOCK

A mon sens la gaîté vaut presque la sagesse ;
On dit que c'est un don? pour moi je le confesse,
J'en fais une vertu...

Ceci posé je vais sans ambages parler des vertus nombreuses du Béranger de la rue Charlot; du gai Paul de Kock, le romancier estimé des esprits fins, adoré des commis-voyageurs, des pompiers et des bonnes d'enfants.

J'en demande pardon à Paul de

Kock, je parle à mon papier comme au premier individu que je rencontre.

Et c'est vous qui êtes le premier. Écoutez-moi donc.

Vous deviez être un homme trop gai pour naître en 93. Vous n'êtes né que le 21 mai 1794. — C'était déjà fort adroit de votre part.

Votre enfance annonça votre goût prédestiné pour la verte fougère, les romans grivois et l'école buissonnière.

Un poëte a dit :

Les gens d'esprit n'ont point besoin de précepteur,

et cependant madame Paul de

Kock vous en donna plusieurs pour vous former l'esprit.

Quand l'âge de quinze ans eut sonné, vous eûtes toutes les peines du monde à vous initier au vocabulaire du financier chez lequel vous plaça votre mère, tant vous aviez du vague à l'âme et du Pigault-Lebrun dans la tête.

Combien de fois, hélas ! entre un bordereau chiffré à l'anglaise et un compte de retour à faire suivre, n'avez-vous pas, en des phrases assez mal vêtues, essayé la confection d'un livre qui devait faire brûler les roux des cuisinières entre deux éclats de rire et en disant : Ah ! qu'il est drôle ce *Poil de Kock !*

La brillante gaîté, ce fard de la nature,

vous la possédiez déjà à l'âge de votre puberté, quand il vous prit la romancière fantaisie de composer *l'Enfant de ma femme!*

Cette littérature alors sentait bien un peu son roulage ordinaire, petite vitesse. Mais il faut savoir commencer par quelque chose, et petit Kock deviendra grand. Votre unique ambition n'était que de naître comme romancier, et alors vous

Aimiez mieux, n'en déplaise à la gloire,
Vivre au monde deux jours que mille ans dans
[l'histoire.

Aujourd'hui, c'est autre chose,

il faut retourner ce distique. —
Vos romans ont fait le tour du
monde, même en Belgique où ils
ont été contrefaits. — Votre muse
à vous est une espiègle et pétu-
lante grisette qui s'est faufilée
sous un faux nez pour faire rire
les neuf sœurs plus ou moins tris-
tes de la mythologie.

Vous poussiez la propreté de
votre personne jusqu'à vous bros-
ser le ventre avec *l'Enfant de ma
femme*, faute d'un éditeur pour le
mettre au jour et lui donner un
père. Mais il y a un dieu pour les
romanciers comme pour les ivro-
gnes ; — la littérature est l'ivresse
de l'esprit. Ce dieu, cet éditeur,
c'est Barba, le petit manteau-bleu

des gens de lettres *in partibus.* — Il vous fit des propositions — honnêtes et modérées, vous sautâtes au bas de votre lit et de joie en embrassant cet éditeur dont vous deviez arrondir la fortune tout en faisant la vôtre.

Je n'essaierai pas de vous casser l'encensoir sur le nez en faisant ici la nomenclature des œuvres que vous avez produites pour la plus grande gloire de notre gaieté française qui s'en va. Mais je me permettrai, par une simple addition de fractions, de vous dire avec ma rude franchise ordinaire que pour moi vous êtes une mixture, une solution, un composé :

De Pigault-Lebrun.	250	grammes.
De Ducray-Duménil.	100	—
De Victor Ducange.	75	—
De Casanova.	40	—
D'Anne Radcliffe.	25	—.
De Champfort.	10	—

500 grammes.

Remuez selon l'ordonnance.

Tous les cœurs honnêtes sont avec vous. Mais prenez garde :

Vous jouez du violon ;

Votre fils joue du flageolet ;

Et tout le monde joue des jambes quand vous jouez tous les deux.

DIBLOT   Nadar

DUMAS PÈRE.

ALEXANDRE DUMAS.

Je n'ai que quelques pages à consacrer au terrible Savoyard de la littérature, au Rabasson du roman, au Harpin du feuilleton ; à la plus grande, à la plus inconcevable binette du XIXe siècle, à Alexandre Dumas enfin. — Cette faible ébauche n'est qu'un prétexte de classification parmi les hommes célèbres de mon livre.

Alexandre Dumas a aujourd'hui cinquante-cinq ans, et cinq pieds huit pouces. — Il est né avec le siècle et mourra avec lui. Son visage est brun, ses cheveux crépus comme la laine beige. Pour toute barbe, il ne porte que de petites moustaches : ses yeux sont bleus et fort doux; l'ensemble de son visage est plus étrange que beau, et rappelle infiniment l'ossification d'un nègre, — d'un nègre fin. — Ses cheveux paraissent s'être déjà voués au blanc. — On sait quel parti Dantan a su tirer de cette bizarre physionomie, l'une des plus remarquables du musée grotesque. — Nadar, non moins heureux, l'a panthéonisé, et son spirituel crayon vous le représente en tête de cette pochade semi-biographique avec une effrayante ressemblance;

Un bon abbé, le curé de Villers-Cotterets, avait pris soin d'élever le jeune Alexandre. Il lui donna, pendant cinq ou six ans, des leçons de latin; et même, discernant chez son élève un goût prononcé pour la poésie légère, goût que Dumas attribue au hasard d'être né dans la chambre où mourut Desmoutiers, le professeur lui faisait faire aussi, à intervalles, quelques bouts-rimés français. Quant à l'arithmétique, trois maîtres d'école avaient successivement renoncé à lui faire entrer les quatre premières règles dans la tête. — Il n'a jamais su calculer, même ses intérêts.

Pour notre héros, la tragédie classique est une honnête femme qui se fait estimer; le drame romantique est une femme entretenue qui vous séduit. — Il donna dans les femmes entretenues, dédaigna la tragédie et fit successivement plusieurs drames qui établirent bientôt sa colossale réputation.

On le considérait, après *Henri III* et *Christine*, comme le premier dramaturge que possédât la France moderne, et il est peu de théâtres qui ne lui doivent d'immenses succès.—Il eut peu, fort peu de succès *ronflants*.

Dumas ouvrit une usine littéraire de la force de quatorze chevaux, pour la fabrication de drames modernes, romans-renaissance, romans historiques par à peu près, feuilletons-romans, mémoires et tout ce qui concerne son état. Il fabrique à la vapeur et va en ville. Dumas travaille sans cesse, écrit à l'heure, le jour, la nuit et ne vise qu'à la postérité de demain matin. Il a des petits Trissotins tout autour de lui qui compilent, compulsent, arrangent, dérangent, piochent, carcassent et beuglent, pendant que le grand maître, le batteur d'or, le chef de l'usine, guilloche, polit, sculpte et burine de charmants dessins, et fait de cette mise en œuvre préparée une perle ou un diamant de plus à l'écrin déjà si précieux qui renferme sa couronne littéraire.

— Ah ! monsieur, vous venez de me rendre le plus grand service, à moi, pauvre fille, lui dit un jour une charmante actrice en se jetant dans ses bras ou à ses pieds, vous me faites ma réputation. Je vous dois mon avenir, et je ne sais comment vous en remercier.

— Marions-nous.

Et ils se marièrent — à la Daumont.

— Eurent-ils beaucoup d'enfants ?

— Deux. Un garçon d'esprit et une fille charmante.

Dans son enthousiasme paternel il s'écria un jour en voyant ces deux chérubins : « Le devoir d'un père est de faire sucer à ses enfants, tour à tour, un sucre d'orge et les bons principes ; il est prudent de m'en débarrasser et de les laisser longtemps en sevrage. »

Dumas vint s'établir sur les hauteurs de Saint-Germain. Il y fit bâtir le château de Monte - Cristo. Mais un jour il y fut saisi d'étonnement et par autorité de justice, et revint à Paris prendre la direction du Théâtre-Historique.

On connaît l'histoire de cette période de la vie littéraire de Dumas, et les nouvelles pérégrinations de ce terrible Savoyard que les fanatiques placent dans le voisinage de Corneille. L'un d'eux, homme d'esprit, assure qu'il a une sonnette à sa porte comme les sages-

femmes pour les directeurs pres-
sés ; je suis tenté d'y croire.

Il a heureusement créé le *Mous-
quetaire* comme agence littéraire et
de placement pour les toqués de lettres, les invalides de la pensée ;
cette succursale de la Salpêtrière
intellectuelle procure des tombeaux
aux morts à domicile, des pensions
aux vivants et l'occasion à ses cor-
respondants de souvent prouver
qu'ils ne sont que des imbéciles.—
Dumas s'en amuse, et sa vie se passe
gaiement.

DUMAS FILS.

DUMAS FILS

Le 28 juillet 1824, entre trois et quatre heures du matin le premier tome d'un roman en deux volumes d'Alexandre Dumas voyait le jour sur les genoux d'une nourrice sur lieux. Alexandre Dumas donna son nom au bambin et s'en fit l'éditeur responsable. A l'âge de huit ans, son père le pressa sur son sein sans trop de répugnance et l'envoya à l'école des frères jusqu'à douze ans révolus. Le petit bonhomme quitta les frères ignorantins pour entrer au collége Henri-Quatre où il se garda bien de faire le moindre progrès. Cependant bon chien chasse de race ; et, bien que son orthographe fût capricieuse, il essaya de faire des vers à faire rougir la rue des Lombards. Grâce à ses heureuses dispositions, il devint un des plus mauvais élèves du collége. Il ne voulut jamais mordre au *de Viris illustribus*, tant il avait la langue latine en horreur. — Son père l'encouragea en le menaçant de le faire mousse sur un bâtiment de l'Etat. Le jeune Alexandre, qui avait peu de goût pour la marine, se mit courageusement à la besogne et, deux ans plus tard, ce même père apprenait par cœur les vers du fils pour les réciter à qui voulait les entendre. Le jeune Alexandre avait fait de tels progrès qu'il se crut capable d'entreprendre la profession de son père et de faire de grandes choses en fait de littérature.

Son premier livre fut un volume de poésies sous le titre excellent *les Péchés de jeunesse*; péché véniel dont il dut se confesser bien des fois. — Cette œuvre n'était rien moins que pitoyable. Il l'a fit relier en veau doré sur tranches.— Son second ouvrage fut *les Aventures de quatre femmes et d'un perroquet*, plus mauvais encore que le premier.

Désolé d'un insuccès permanent,

Alexandre eut un instant l'idée de se retirer aux Carmélites — pour y jouer du flageolet et pour expier ses deux premiers forfaits littéraires. — Son père l'en détourna et le prit avec lui pour l'entourer de bons principes et le guider dans le sentier de la vertu. — Il fit de l'homœopathie, se déguisa en postillon, et contraignit son fils à se mettre en débardeur. — Il l'emmena dans les bals masqués pour lui faire toucher du doigt le vice et lui faire comprendre qu'il dansait la cachucha sur un volcan, sans s'en douter. Dumas fils trouva la leçon excellente et se dit : puisque Chénier a écrit quelque part

Un père aux yeux d'un fils n'est jamais criminel,

du moment où je polke sous les
yeux d'un père qui mazourque avec
moi, je puis dormir tranquille sur
mon avenir littéraire, j'aurai du
talent comme papa. — Il prit un
abonnement de trois mois à Valen-
tino pour compléter son éducation.

Il fut pendant ces trois mois sans
voir le soleil, il dansait pendant la
nuit et se couchait le jour comme
un simple boulanger. — Il fit la
connaissance de Marie Duplessis,
une Laïs de Breda—Square ; apprit
à ses dépens dans cette collabo-
ration amoureuse que le cœur
d'une femme est une serrure qu'on
ouvre avec une clef d'argent.

Pendant ces trois mois il fit le
roman de *la Dame aux perles* et des

dettes nombreuses. Ce roman de ses amours avec Marie Duplessis prit le nom de *la Dame aux camélias*, qui eut plus tard un succès si retentissant sur la scène du Vaudeville.

Encouragé par la vente de cette première œuvre, il fit successivement : *le Roman d'une femme, Antonine, la Vie à vingt ans, le Sergent Mustel, Trois Hommes forts* et *Sophie Printemps.*

Diane de Lys, ouvrage non moins estimé, est encore un épisode de sa vie de jeune homme.

Dumas fils est aujourd'hui un homme vertueux et rangé, dont le talent justifie le proverbe : Tel père tel fils.

ROQUEPLAN.

ROQUEPLAN.

On m'assure que le jeune Nestor a été allaité comme Sémiramis, par des colombes, à moins que ce ne soit comme Pélias, par une jument. Ce qui me ferait donner la préférence à cette dernière version, c'est que sur ses vieux jours il tutoie tous les gentlemen-riders du jockey's club.

Il a longtemps fait de la littérature chiffonnée et ne manque pas

d'un certain esprit de mots, surtout.

En 1801, jeune encore, il disait :
« Les alexandrins sont des vers
qui font double-six à tous coups. »
— C'était fort joli pour son âge et
pour un joueur de dominos.

Sa jeunesse se perd dans la nuit
des temps, comme l'histoire de
France avant Pharamond.

Il a rajeuni, pour son usage personnel, une foule d'ana et d'his-
toriettes, non pas renouvelés des
Grecs, car les Grecs d'autrefois
passaient généralement pour des
gens d'esprit, mais qui se traînaient
depuis de nombreuses années dans
les boudoirs ou dans les anti-
chambres ; il les a gantés de para-

doxes paille, chaussés d'aphoris-
mes vernis et servis pour du
nouveau aux petits Auvergnats de
lettres qui l'écoutaient.

J'ai dit que néanmoins il avait
de l'esprit; il le faut bien pour
qu'il soit entré au *Figaro* qui a suc-
cédé à celui de feu Saint-Alme.

Il est parfois ruisselant de poésie horticole :

Voici le charmant huitain qu'il
improvisa un jour en présentant
une branche de lilas à l'une de
ses artistes :

> Fleur aimable et légère,
> Ton bonheur est complet ;
> Tu vas de ma bergère
> Habiter le corset.
> D'une fraîcheur nouvelle

Alors tu brilleras :
C'est le *sein d'une belle*
Qui pare le lilas!
  Et *vice versa.*

M. Roqueplan a dirigé les Variétés, en fumant son cigare dans le passage des Panoramas, comme il a dirigé le passage de l'Opéra en fumant des panatelas dans la régie de l'Académie impériale de musique. — Il est aujourd'hui sans ouvrage. — On assure qu'il reviendra aux Variétés; — à moins qu'il ne rentre à l'Opéra — en débardeur.

Il continue à avoir son cigare à la bouche et le ratelier provenant de son ancienne splendeur.

———∝∞∝∞———

THÉOPHILE GAUTIER.

THÉOPHILE GAUTIER

> Tous les jours à la cour un sot
> de qualité peut juger de travers
> avec impunité ; à Malherbe, à
> Bacon préférer Théophile.
> SOPHOCLE.

Je ne vais pas à la cour ; — et
je ne suis pas un sot de qualité.
J'ai donc le droit de préférer
Théophile aux Malherbe et aux Ra-
can qui forment la petite pléiade
des poëtes et prosateurs de notre
siècle.

Mon Théophile à moi est le premier gondolier à tous crins du feuilleton de *la Presse,* et l'ex-poëte solo de Tarbes, ville réputée pour son ail et pour son antiquité druidique.

Comme Atalante , Théophile Gautier a été nourri par une ourse qui le prit en affection et entre ses pattes, un jour qu'il était abandonné dans un chemin creux aux portes de la ville. — Cet allaitement oursicole devait plus tard réagir dans sa vie d'écrivain par la perpétration de deux petits *ours* qu'il fit jouer dans la tanière des Variétés, sous les titres : *le Tricorne enchanté* et *le Voyage en Espagne* : Cornac, don Alphonse Siraudin.

Mais n'anticipons pas.

Théophile Gautier est né en 1811 un peu avant la comète. Il acheva ses humanités à Charlemagne, où il se lia bientôt avec Gérard de Nerval, son copin et son collaborateur le plus actif. Il a fait ses classes ; — son père les balayait.

Gautier n'est devenu poëte que par accident, un jour qu'il n'avait rien à faire. Tous ses instincts le portèrent d'abord à être peintre. Peu soucieux des classes de Charlemagne, il alla étudier l'art plastique dans les musées et finit par entrer rapin chez le peintre Rioult. Il peignait assez bien pour un poëte et ne poétisait pas mal pour un peintre. Il avait en tête une foule

de tableaux superbes, mais en
dépit de ses efforts, dit Eugène né
à Mirecourt, il n'enfantait que des
croûtes. — Il prit la plume et laissa
reposer son pinceau. Il essaya de
rimer quelques strophes modestes
et les lut à ses amis. L'une d'elles
se terminait ainsi :

D'ailleurs je te dirai que Rioult mon maître fait
Un tableau qui, je crois, sera d'un grand effet.

Comme c'est simple et comme cela
promettait déjà!...

Comme on sent dans ces deux
vers la poésie de la jeunesse, et
qu'il y a de jeunesse dans cette poésie qu'il a répandue à profusion
dans ses œuvres charmantes!

Je ne puis résister au plaisir

d'extraire une strophe d'*Albertus*, l'un de ses premiers ouvrages poétiques, dans lequel l'auteur nous apprend qu'il est maigre, qu'il aime les chats, les grands cheveux et le cassis :

L'orfraie à la rumeur sourde de la tempête
Mêle ses cris ; le toit craque, la buche pète ;
La flamme tourbillonne et dans un grand chau—
                            [dron
Rempli jusques aux bords d'une eau puante et
                            [noire,
On entend résonner coquemare et bouilloire
        Et le matou qui fait ron-ron.

En ce temps-là, c'était en 1831 on arrêtait M. Théophile Gautier au coin des rues pour lui voler ses idées. Aujourd'hui que l'esprit est au rabais, que le génie se vend au-dessous du cours, et que la gloire court les rues (aussi est-elle un peu crottée !...), M. Théophile est moins en danger de vol, il rentre chez lui plus tranquillement , et peut tâter plus à son aise de l'apothéose avant sa mort pour jouir de l'immortalité en bon vivant.

Il excelle surtout dans le genre descriptif. Les poésies de Victor Hugo ne sont que des tragédies de l'Odéon comparées à celles-ci :

C'est Faust dans sa *Comédie de la mort* qui parle :

J'ai plongé dans la mer sous le dôme des ondes;
Les grands poissons jetaient leurs ombres va-
[gabonde s
    Jusques au fond des eaux
Le *viatan* fouettait les ondes de sa queue;
Les syrennes peignaient leur chevelure bleue
    Sur leurs bancs de coraux. ·

Voyez comme il aime le poisson et comme il paraît heureux de pouvoir le désigner par son nom !

Admirez cette poésie poissonnière :

La *Seiche* horrible à voir, le *requin*, l'*orque* énorme,
Le *squale*, le *narval*, le *cétacé* difforme
      Roulaient leurs gros yeux verts.
Mais je suis remonté, car je manquais d'haleine,
C'est un *manteau bien lourd* pour une épaule hu-
      Que le *manteau des mers* !!...   [maine

D'autant plus lourd qu'il était froid ; car le narval, qu'on ne voit que dans la mer Glaciale, se trouvait là avec ses camarades des mers du Sud, uniquement pour jouir de l'insigne honneur d'être passé en revue par Théophile.—Remarquez-vous comme moi que le requin, l'orque énorme, d'ordinaire si canailles envers les voyageurs, n'ont pas osé manger un poëte de la force de Théophile, comme ils l'eussent fait d'un simple passager tombé à la mer !...

Sur le plancher des vaches, Théophile n'en est pas moins descriptif et amusant. Voyez comme sa verve poétique s'égaie aux dépens de ces vieux Chabert qui vont le 5 mai à la colonne Vendôme :

Un plumet énervé palpite
Sur leurs colbacks fauves et pelés ;
Près du *trou de balle*, la mite
A rongé leurs dolmans criblés !
Leurs culottes de peau trop larges
Font mille plis sur leurs fémurs ;
Leurs sabres rouillés, lourdes charges,
Embarrassent leurs pieds peu sûrs.

Théophile Gautier, en fait de

style, s'est surtout préoccupé de la forme et du contour, il s'est mis à la recherche des mots qui lui semblaient le mieux faits pour peindre les objets extérieurs. Il a créé le style technologique approprié à la charpente, à la serrurerie, à la menuiserie, à la clouterie, aux beaux-arts et à l'arboriculture en faisant la chasse aux vocables de toute espèce et en se fabriquant pour son usage personnel un glossaire opulent, une caisse d'épargne de mots au moyen desquels il donne à son style l'originalité qu'il ambitionne. — Pour moi, Théophile est un des principaux chefs de l'école coloriste, le Raphanel de la littérature actuelle ; le chromo-

durophane de la pensée, et le sic-
catif brillant (*plus de frottage!*) du
style coloré. C'est un metteur en
couleur habile, et j'avoue que ,
pour ma part, je n'hésiterais pas
le moins du monde à consulter
Gautier, si j'avais un sonnet à
faire ou une chambre à mettre en
couleur.

Si quelquefois il n'est pas gé-
néreux envers le pauvre artiste qui
cherche à grignoter de piètres ap-
pointements à la dernière lueur de
son talent qui lui reste, son style
lui fait pardonner les imperfections
de son cœur. Voici ce qu'il écrivait
un jour sur cette pauvre Flore, qui
jouait le rôle de la *Fille terrible* :

« Sa figure ressemble à ces dieux

décrépits et vieillots des pagodes indiennes, son cou à un morceau de parchemin et sa gorge à un baquet de colle renversé. »

Vous aurez beau dire, c'est fort drôle. On est tenté de prendre Flore en grippe, et l'on résiste avec peine au désir d'embrasser Théophile, après ces lignes aussi courageuses que coloriées.

J'avoue aussi que je ne partage pas l'opinion émise par un poëte assermenté près le *Tintamarre* qui, à l'apparition de cette appréciation de la pauvre Flore, fit paraître cette épitaphe :

Ci-gît un grand fantaisiste,
Ou plutôt un fier aiglon,
Poëte et feuilletoniste,
Chevelu comme Absalon...

On le vit, dans mainte strophe,
Exalter la cachucha ;
Sa plume était *chocnosophe*,
Et ses goûts ceux d'un pacha.
Sa prose assez médiocre
Sentait le cinabre et l'ocre.
Il ne put prendre sur lui
D'être de l'avis d'autrui...
Hernani le compta parmi ses chauds apôtres...
De lui-même on le vit se moquer fréquemment...
C'est en ce point seulement
Qu'il fut de l'avis des autres.

Théophile eut des admirations successives pour mesdemoiselles Ozy et Carlotta Grisi et pour les romans emplâtres de madame de Girardin.

Je ne parlerai pas des affreuses obscénités de *Mademoiselle de Maupin*; depuis longtemps Théophile a jeté, lui-même, de la cendre dessus pour nettoyer la place qu'elle avait maculée. — Il s'occupe aujourd'hui de la vertu dans ses moments d'oisiveté ; malheureusement il est très-occupé au journal de M. de Girardin, et il ne flâne presque jamais.

Je ne reconnais que deux torts graves à Théophile : 1° il possède l'infirmité littéraire du calembour ; 2° il a commis *la Juive de Constantine*, où Epiménide n'eût jamais si bien dormi qu'à la première représentation de cette œuvre. — A part cela, Gautier est mon homme ; il me va.

Gautier eut des destinées errantes comparables à celles d'Ulysse. Mais pendant ses voyages il ne laissa jamais la moindre Pénélope en butte aux obsessions des amoureux. — Il quitta donc la France et alla en

Espagne, en Angleterre et à Constantinople.

A propos de Constantinople, encore quelques citations de son style empourpré par le radieux soleil d'Orient. Je m'en empare avec transport, et je m'empresse d'en faire part à mes amis et connaissances, à tous les vrais admirateurs de l'art et du style coloré.

ÉTUDE DE STYLE CONTEMPORAIN.

La fille de mon hôtesse, quoique vêtue d'un peignoir rose à l'européenne, roulait, sous un masque pâle serti dans des cheveux noirs d'un ton mat, des yeux langoureusement asiatiques ; une jeune servante grecque, fort jolie sous le petit mouchoir tortillé autour de sa tête, et une sorte de Jocrisse des Cyclades, complé-

taient le personnel de la maison, et lui
donnaient une espèce de couleur orien-
tale.

Au milieu de la rue, une lice rogneuse
allaitait ses petits d'un air fier.

Çà et là, des vaches cherchent quelques
maigres brins d'herbe, et paissent, au lieu
de verdure, des quartiers de savates et des
morceaux de vieux chapeaux.

Un pauvre petit âne aux oreilles flas-
ques, aux flancs maigres et saigneux.

De vieilles mendiantes assises sur leurs
cuisses plates reployées comme des arti-
culations de sauterelle, tendaient piteuse-
ment vers moi, hors d'un féredgé en hail-
lons, leurs mains de momie démaillottée ;
leurs yeux de chouette tachaient de deux
trous bruns la loque de mousseline, bos-

suée par l'arqûre de leur bec d'oiseau de proie, et jetée comme un suaire sur leur visage hideux.

J'en passe et des meilleures.

La littérature lui doit en outre le *Ballet de Giselle* et la *Péri*, dont les succès ont été étourdissants.

Théophile n'a jamais aimé d'amour que les tulipes bleues de M. Alfred de Musset. — On a dit qu'il avait été le Gautier d'Aulnay de mademoiselle Ernesta Grisi. C'est un bruit qu'on a fait courir. La preuve qu'il n'en est rien, c'est qu'il n'a pas encore été assassiné.

FIN.

Paris. — Imprimerie Walder, rue Bonaparte, 44.

60 PORTRAITS PAR NADAR

LES

BINETTES CONTEMPORAINES

PAR

JOSEPH CITROUILLARD

CONCURRENCE AUX

ONTEMPORAINS D'EUGÈNE, NÉ A MIRECOURT (VOSGES).

et ouvrage formera 10 volumes à 50 centimes,
contenant chacun 6 portraits par NADAR.

—

Binettes du premier volume :

éranger. — Victor Hugo — Alfred de Musset. — Méry.
— Hippolyte Lucas. — Matharel.

Binettes du deuxième volume :

o Lespès. — Arsène Houssaye — Auguste Luchet. —
Marco de Saint-Hilaire. — Murger. — Champfleury.

Binettes du troisième volume :

ouis Veuillot — Dupin. — Thalberg. — Crétineau Joly.
D'Arlincourt. — Jules Janin.

Binettes du quatrième volume.

oger de Beauvoir. — Clairville. — Gérard de Nerval.
Mirès. — De Villemessant. — J. de Prémaray.

Binettes du cinquième volume.

licien David. — Louis Desnoyers. — Alph. Karr. —
G. Planche. — Pierre Dupont. — Alfred de Vigny.

50 centimes le volume.

PARIS. IMPRIMERIE WALDER, RUE BONAPARTE, 44.

LES BINETTES

CONTEMPORAINES

THIERS. — DENNERY. — ALTAROCHE. — MILLAUD.
JULES SANDEAU. — TOUSSENEL.

PAR

JOSEPH CITROUILLARD,

REVUES PAR COMMERSON.

HAVARD, ÉDITEUR, 15, RUE GUÉNÉGAUD.

www.ingramcontent.com/pod-product-compliance
Lightning Source LLC
LaVergne TN
LVHW022113080426
835511LV00007B/796